Intelligenza Artificiale

Un Mondo di Opportunità

(Fondamenti, Strategie e Prospettive)

Francesco Luca Giovanni

FLG [1967]

DISCLAIMER

L'autore e gli eventuali curatori e/o editori di questo libro non garantiscono riguardo la completezza e l'accuratezza delle informazioni riportate nella presente opera. In nessun caso potranno essere ritenuti responsabili di eventuali danni causati dall'affidamento dei lettori alla veridicità di tali informazioni. I contenuti presenti in questo libro possono contenere inesattezze e imprecisioni, errori tipografici o di battitura. Il contenuto di queste pagine non vuole essere offensivo in alcun modo nei confronti di cose o persone. Se fosse così vi preghiamo di avvertirci, e provvederemo a rettificare o correggere eventuali inesattezze o imprecisioni presenti nell'opera il prima possibile. Nomi di persone, di prodotti, di società citate nel testo possono essere marchi di proprietà dei rispettivi titolari o marchi registrati di altre società e sono stati utilizzati a puro scopo esplicativo e a beneficio del lettore e fruitore dell'opera, senza alcun fine commerciale o di violazione dei diritti di copyright vigenti.

Indice capitoli

CAPITOLO 1

Introduzione all'Opportunità dell'Intelligenza Artificiale

Nel 2023, l'intelligenza artificiale (IA) è al centro dell'innovazione tecnologica e delle opportunità finanziarie. Questo capitolo introduttivo è il punto di partenza per esplorare l'affascinante mondo dell'IA e come puoi sfruttare questa tecnologia per guadagnare in modi che erano impensabili solo pochi anni fa.

Il Fenomeno dell'Intelligenza Artificiale

Per comprendere appieno l'opportunità che l'IA rappresenta, dobbiamo iniziare con una definizione chiara di cosa sia. In breve, l'IA si riferisce alla capacità delle macchine di eseguire compiti che richiedono intelligenza umana, come il riconoscimento di modelli, l'elaborazione del linguaggio naturale e la risoluzione di problemi complessi. Questo può sembrare una descrizione tecnica, ma in realtà, l'IA è molto più presente nella nostra vita quotidiana di quanto immaginiamo.

L'IA nella Vita di Tutti i Giorni

Pensiamo ai motori di ricerca come Google, alle assistenti virtuali come Siri di Apple o a dispositivi domestici intelligenti come Alexa di Amazon. Tutti questi sono esempi di come l'IA è stata integrata nelle nostre vite. Quando cerchiamo informazioni su Internet, riceviamo risultati pertinenti grazie agli algoritmi di ricerca basati sull'IA. Quando chiediamo all'assistente virtuale di leggere un messaggio o di pianificare un appuntamento, l'IA è al lavoro. Questi sono solo alcuni esempi di come l'IA è diventata una presenza pervasiva e invisibile nella nostra quotidianità.

L'IA nel Mondo Aziendale

Ma l'IA non è solo un fenomeno di consumo; sta anche trasformando il mondo aziendale. Le aziende di tutto il mondo stanno abbracciando l'IA per automatizzare processi, ottimizzare le operazioni e prendere decisioni basate su dati. Ad esempio, le aziende di logistica utilizzano l'IA per pianificare rotte di consegna più efficienti, riducendo i costi e migliorando la puntualità delle consegne. Nel settore finanziario, l'IA viene utilizzata per analizzare enormi quantità di dati finanziari e identificare tendenze di mercato, aiutando gli investitori a prendere decisioni più informate.

L'Opportunità dell'IA nel 2023

L'IA non è solo una tecnologia dietro le quinte; è anche un'opportunità straordinaria per chiunque cerchi di guadagnare in modo innovativo. Nel 2023, l'IA sta aprendo nuove strade per l'imprenditorialità e la creazione di valore. Ecco alcune delle principali opportunità offerte dall'IA:

1. **Start-up IA**. Se hai un'idea innovativa che coinvolge l'IA, puoi avviare una start-up per sviluppare la tua soluzione. Le start-up IA stanno emergendo in settori come la sanità, l'educazione, l'agricoltura e molto altro ancora.

2. *Integrazione dell'IA nelle Aziende Esistenti*. Se hai già un'azienda, potresti esplorare come l'IA può migliorare i tuoi processi operativi, ridurre i costi o migliorare l'esperienza del cliente. L'IA può essere utilizzata in settori come la produzione, il marketing, la gestione delle risorse umane e molto altro.

3. *Investimenti nell'IA*. Se sei interessato all'IA ma non vuoi avviare una start-up, puoi considerare l'opzione di investire in aziende che stanno facendo progressi significativi nell'ambito dell'IA. I mercati finanziari stanno reagendo all'IA in modo positivo, e molte aziende tecnologiche in rapida crescita sono al centro dell'attenzione degli investitori.

4. *Formazione nell'IA*: L'IA richiede competenze specializzate. Puoi intraprendere un percorso di formazione per acquisire queste competenze e diventare un esperto nell'ambito dell'IA. Questo ti aprirà le porte a ruoli chiave in aziende basate sull'IA o come consulente nel settore.

Questo capitolo introduttivo ci ha fornito una visione generale dell'IA e dell'opportunità straordinaria che rappresenta nel 2023. L'IA non è più una tecnologia del futuro; è una realtà presente che sta cambiando il nostro mondo in modi sorprendenti. Dall'automazione delle operazioni aziendali alla creazione di nuovi prodotti e servizi basati sull'IA, l'opportunità è a portata di mano. Nei capitoli successivi esploreremo ulteriormente come sfruttare queste opportunità in modo concreto e pratico, fornendo esempi e strategie per il successo finanziario nell'era dell'IA.

CAPITOLO 2

Fondamenti dell'Intelligenza Artificiale: Un Linguaggio Semplice

L'intelligenza artificiale (IA) è diventata un concetto onnipresente nella nostra società. Ne sentiamo parlare in notizie, film e conversazioni quotidiane, ma quanto ne sappiamo realmente? Questo capitolo si propone di gettare le basi e rendere l'IA accessibile a tutti, senza il bisogno di essere esperti informatici.

Comprendere il Concetto di Intelligenza Artificiale

Prima di immergerci nei dettagli tecnici, è importante avere una comprensione di base di cosa sia l'IA. In termini semplici, l'IA è la capacità di una macchina o di un programma informatico di eseguire attività che richiedono intelligenza umana. Questo può includere il riconoscimento di immagini, il linguaggio naturale, l'analisi dei dati e la presa di decisioni.

Le Fondamenta delle Reti Neurali

Uno dei concetti fondamentali dell'IA è la rete neurale artificiale, ispirata al funzionamento del cervello umano. Questa rete è composta da unità di elaborazione chiamate neuroni artificiali, che sono collegati tra loro. I neuroni artificiali ricevono input, eseguono calcoli e producono output. Per comprendere meglio questo concetto, possiamo paragonare una rete neurale artificiale a un grande puzzle. Immagina che ogni neurone sia un pezzo del puzzle. Insieme, questi pezzi lavorano per risolvere il puzzle, che potrebbe rappresentare un compito complesso come il riconoscimento di un volto in un'immagine o la traduzione di una lingua straniera.

Apprendimento Automatico: Il Cuore dell'IA

Il cuore pulsante dell'IA è l'apprendimento automatico (machine learning). Questo è ciò che consente alle macchine di migliorare le loro prestazioni senza essere esplicitamente programmate per eseguire determinate attività. Invece, le macchine imparano dai dati e dagli esempi. Pensa all'apprendimento automatico come a un bambino che impara a riconoscere i cani. Mostri al bambino diverse immagini di cani e gli dici "Questo è un cane, questo è un cane." Dopo un po', il bambino sarà in grado di riconoscere i cani da solo. Allo stesso modo, le macchine apprendono dai dati e diventano sempre più abili nel riconoscere modelli e tendenze.

Tipi di Apprendimento Automatico

Ci sono due tipi principali di apprendimento automatico: l'apprendimento supervisionato e l'apprendimento non supervisionato. Nell'apprendimento supervisionato, il modello di IA viene addestrato utilizzando dati etichettati, cioè dati con risposte conosciute. Ad esempio, per addestrare un modello di riconoscimento di immagini a riconoscere i gatti, forniamo al modello molte immagini di gatti etichettate come "gatti". Nell'apprendimento non supervisionato, il modello esplora i dati senza etichette e cerca modelli o strutture in essi. Ad esempio, potremmo utilizzare l'apprendimento non supervisionato per suddividere un insieme di dati in gruppi basati su somiglianze, senza avere informazioni predefinite sugli appartenenti a ciascun gruppo.

Reti Neurali Profonde e Deep Learning

Uno dei progressi più significativi nell'IA degli ultimi anni è stato il deep learning, che utilizza reti neurali profonde con molti strati di neuroni artificiali. Queste reti neurali profonde sono in grado di apprendere rappresentazioni complesse dei dati, il che le rende adatte a compiti avanzati come il riconoscimento vocale e il riconoscimento delle immagini. Per comprendere il deep learning, immaginalo come un libro con molti capitoli. Ogni capitolo rappresenta uno strato della rete neurale profonda. Ogni strato aggiunge una comprensione più approfondita dei dati e aiuta a rivelare dettagli sempre più complessi.

Esempi di Utilizzo dell'IA nel Mondo Reale

Per rendere ancora più chiari questi concetti, esaminiamo alcuni esempi di come l'IA viene utilizzata nel mondo reale:

1. **Riconoscimento Vocale**: Servizi come Siri di Apple o Alexa di Amazon utilizzano l'IA per riconoscere e rispondere ai comandi vocali degli utenti.

2. **Riconoscimento delle Immagini**: Google Photos utilizza l'IA per identificare persone e oggetti nelle tue foto.

3. ***Traduzione Automatica***: Servizi come Google Translate utilizzano l'IA per tradurre istantaneamente testi da una lingua all'altra.

4. ***Automazione della Produzione***: Nelle fabbriche, i robot guidati dall'IA possono essere programmati per eseguire operazioni complesse, come il montaggio di componenti.

5. ***Automazione del Marketing***: Le aziende utilizzano l'IA per analizzare i dati dei clienti e creare campagne di marketing personalizzate.

Questo capitolo ha gettato le basi dell'IA in un linguaggio semplice. Abbiamo esplorato concetti fondamentali come le reti neurali, l'apprendimento automatico e il deep learning, fornendo esempi pratici di come l'IA sia utilizzata nel mondo reale. Con questa conoscenza di base, sarai in grado di affrontare con fiducia argomenti più avanzati nell'IA e iniziare a esplorare le numerose opportunità che offre per guadagnare nel 2023. Nel capitolo successivo, esamineremo più approfonditamente le applicazioni pratiche dell'IA nei settori aziendali.

CAPITOLO 3

I Benefici dell'IA nel Mondo Aziendale

Nel mondo aziendale del 2023, l'intelligenza artificiale (IA) è diventata un elemento chiave per il successo. Le imprese che sanno sfruttare il potenziale dell'IA hanno la possibilità di migliorare l'efficienza operativa, ridurre i costi e stimolare l'innovazione. In questo capitolo, esploreremo in dettaglio come l'IA può portare benefici tangibili alle aziende di tutti i settori.

Automazione dei Processi Aziendali

Una delle principali aree in cui l'IA ha un impatto significativo è l'automazione dei processi aziendali. Molte attività ripetitive e regolari possono essere delegate a sistemi basati sull'IA. Ad esempio, nei reparti HR, l'IA può gestire il processo di selezione dei candidati, analizzando i curricula, effettuando interviste virtuali e persino valutando la cultura aziendale. Ciò non solo riduce il carico di lavoro del personale, ma migliora anche l'efficienza e la precisione del processo di selezione.

Ottimizzazione delle Operazioni

L'IA è in grado di ottimizzare operazioni complesse e decisioni aziendali. Un esempio tangibile è nell'industria manifatturiera, dove l'IA è utilizzata per pianificare la produzione in base alla domanda prevista e alle scorte disponibili. Questo non solo riduce gli sprechi e i costi di produzione ma garantisce anche che i prodotti siano disponibili quando i clienti ne hanno bisogno.

Analisi dei Dati Avanzata

Un'area in cui l'IA eccelle è l'analisi dei dati. Le imprese raccolgono enormi quantità di dati da molteplici fonti, e l'IA può aiutare a estrarre valore da questi dati. Gli algoritmi di apprendimento automatico possono identificare modelli e tendenze nei dati che potrebbero sfuggire all'occhio umano. Ad esempio, una banca potrebbe utilizzare l'IA per rilevare anomalie nelle transazioni finanziarie dei clienti, segnalando possibili frodi in tempo reale.

Personalizzazione dei Prodotti e dei Servizi

L'IA offre l'opportunità di personalizzare i prodotti e i servizi in modo senza precedenti. Le aziende possono utilizzare l'IA per analizzare il comportamento dei clienti e le loro preferenze al fine di offrire offerte personalizzate. Un esempio evidente è nel settore dell'e-commerce, dove i motori di raccomandazione basati sull'IA suggeriscono prodotti ai clienti in base ai loro acquisti precedenti e ai comportamenti di navigazione. Ciò non solo migliora l'esperienza del cliente ma aumenta anche le possibilità di vendita incrociata e upselling.

Supporto Decisionale Basato sui Dati

Nel processo decisionale aziendale, l'IA può essere un alleato prezioso. Gli algoritmi di IA possono analizzare dati complessi e suggerire decisioni basate su dati e fatti concreti. Ad esempio, nell'ambito degli investimenti finanziari, l'IA può esaminare i dati di mercato, le tendenze economiche e le prestazioni passate degli investimenti per fornire raccomandazioni agli investitori. Ciò può aiutare a migliorare la precisione delle decisioni finanziarie e massimizzare i rendimenti.

Sistemi di Assistenza Virtuale

L'IA è sempre più utilizzata nei sistemi di assistenza virtuale e nei chatbot per migliorare l'esperienza del cliente. Le imprese possono implementare chatbot basati sull'IA per rispondere alle domande dei clienti in modo rapido e preciso, 24 ore su 24, 7 giorni su 7. Questo non solo riduce i costi operativi ma garantisce anche che i clienti ricevano assistenza immediata.

Risparmio di Tempo ed Eliminazione di Errori

L'IA può automatizzare compiti che richiedono tempo e risorse significative. Questo non solo libera il personale per compiti più strategici ma riduce anche il rischio di errori umani. Ad esempio, nelle operazioni finanziarie, l'IA può gestire attività come la registrazione contabile e il calcolo delle tasse in modo più rapido ed efficiente rispetto a un team di contabili.

Il terzo capitolo ha esaminato in dettaglio i benefici dell'IA nel mondo aziendale. Dall'automazione dei processi all'ottimizzazione delle operazioni, dall'analisi avanzata dei dati alla personalizzazione dei prodotti e dei servizi, l'IA offre opportunità significative per migliorare l'efficienza operativa, ridurre i costi e offrire un valore tangibile ai clienti. Mentre le sfide possono sorgere nell'implementazione dell'IA, le imprese che abbracciano questa tecnologia possono prosperare nel panorama aziendale in continua evoluzione del 2023. Nei capitoli successivi, approfondiremo ulteriormente come capitalizzare su queste opportunità e affrontare le sfide legate all'IA.

CAPITOLO 4

Creare Prodotti e Servizi Basati su IA: Esempi di Successo

Nel mondo sempre più connesso e digitale del 2023, l'intelligenza artificiale (IA) ha assunto un ruolo di primo piano nello sviluppo di prodotti e servizi innovativi. Questo capitolo esplora come l'IA possa essere utilizzata come fulcro per la creazione di soluzioni di successo in una varietà di settori. Attraverso esempi concreti, vedremo come le aziende stanno capitalizzando sull'IA per guadagnare e soddisfare le esigenze dei clienti in modi completamente nuovi.

Esempio 1: Personalizzazione nel Marketing

Uno dei campi più evidenti in cui l'IA ha rivoluzionato le operazioni aziendali è il marketing. Le aziende stanno utilizzando algoritmi di apprendimento automatico per analizzare enormi quantità di dati dei clienti e generare raccomandazioni personalizzate. Un esempio eclatante è Amazon, che utilizza l'IA per suggerire prodotti basati sugli acquisti precedenti e sui comportamenti di navigazione. Ciò non solo migliora l'esperienza del cliente ma aumenta anche le vendite, poiché i clienti sono più inclini a fare acquisti quando vengono presentati prodotti rilevanti.

Esempio 2: Assistenza Clienti e Chatbot Intelligenti

L'IA è stata impiegata con successo nell'ambito dell'assistenza clienti attraverso l'implementazione di chatbot intelligenti. Aziende come IBM e Microsoft stanno utilizzando l'IA per sviluppare assistenti virtuali avanzati che possono rispondere alle domande dei clienti, risolvere problemi e persino eseguire compiti transazionali. Questi chatbot possono gestire un alto volume di richieste in modo efficiente, migliorando l'esperienza del cliente e riducendo i costi operativi delle aziende.

Esempio 3: **Veicoli Autonomi e Guida Automatica**

Nel settore automobilistico, l'IA ha apportato cambiamenti sconvolgenti attraverso la guida autonoma. Aziende come Tesla, Google e Waymo stanno sviluppando veicoli autonomi che utilizzano l'IA per interpretare l'ambiente circostante, prendere decisioni di guida e migliorare la sicurezza stradale. Questi veicoli possono gestire complessi scenari di traffico e offrire un'esperienza di guida senza precedenti. L'IA sta ridefinendo il concetto stesso di mobilità e offrendo nuove opportunità di business nell'industria automobilistica.

Esempio 4: **Medicina di Precisione e Diagnosi Avanzate**

Nel settore della salute, l'IA sta rivoluzionando la medicina attraverso la medicina di precisione e la diagnosi avanzata. Piattaforme come IBM Watson sono in grado di analizzare enormi quantità di dati clinici e scientifici per assistere i medici nelle diagnosi. Inoltre, l'IA può identificare modelli e tendenze nei dati dei pazienti, consentendo la personalizzazione delle terapie e la previsione delle malattie. Questo approccio sta migliorando notevolmente la cura dei pazienti e aprendo nuove opportunità nel campo della ricerca medica.

Esempio 5: **Produzione Industriale Ottimizzata**

Nel settore manifatturiero, l'IA è utilizzata per ottimizzare i processi di produzione. Ad esempio, l'azienda tedesca Siemens ha implementato sistemi di produzione basati sull'IA che monitorano costantemente le linee di produzione per rilevare anomalie e problemi potenziali. Ciò consente una manutenzione preventiva e una maggiore efficienza operativa. L'IA sta contribuendo a ridurre i costi di produzione e a migliorare la qualità dei prodotti.

Esempio 6: **Assistenza Sanitaria Virtuale e Diagnosi Remota**

In risposta alla pandemia globale di COVID-19, l'IA ha svolto un ruolo fondamentale nell'offerta di assistenza sanitaria virtuale. I medici stanno utilizzando piattaforme basate sull'IA per consultare i pazienti a distanza, eseguire diagnosi remote e prescrivere trattamenti. Questo non solo ha consentito di mantenere la continuità dell'assistenza sanitaria, ma ha anche dimostrato come l'IA possa essere integrata in modo efficace nel settore sanitario per migliorare l'accesso e la qualità delle cure.

Esempio 7: **Automazione nella Gestione delle Risorse Umane**

Le aziende stanno utilizzando l'IA anche per migliorare la gestione delle risorse umane. Gli algoritmi di IA possono analizzare i curriculum e le prestazioni passate dei candidati per identificare i migliori talenti. Inoltre, possono essere utilizzati per monitorare l'assenteismo e migliorare la pianificazione delle risorse umane. Ciò semplifica il processo di selezione, riduce i costi di assunzione e migliora la gestione delle risorse umane.

Esempio 8: Sicurezza Informatica Avanzata

La sicurezza informatica è un'altra area in cui l'IA sta facendo grandi progressi. Gli algoritmi di apprendimento automatico possono analizzare i modelli di traffico di rete per identificare attività sospette e potenziali minacce alla sicurezza. Le aziende possono utilizzare l'IA per rilevare e rispondere rapidamente alle violazioni dei dati e alle vulnerabilità. L'IA sta contribuendo a proteggere le aziende dalle crescenti minacce cibernetiche.

Esempio 9: Trading Algoritmico nei Mercati Finanziari

Nel mondo della finanza, l'IA è stata ampiamente adottata nel trading algoritmico. Le aziende di investimento utilizzano algoritmi basati sull'IA per analizzare enormi quantità di dati finanziari in tempo reale e prendere decisioni di trading istantanee. Questi algoritmi possono individuare opportunità di arbitraggio, ridurre i rischi e massimizzare i rendimenti. Il trading algoritmico basato sull'IA è diventato un pilastro nei mercati finanziari globali.

Esempio 10: Intrattenimento e Creazione di Contenuti

L'IA sta anche influenzando l'industria dell'intrattenimento. Algoritmi di generazione di testo e immagini basati sull'IA sono utilizzati per creare contenuti come articoli di notizie, script cinematografici e persino musica. Questo ha aperto nuove possibilità per gli artisti e gli autori digitali di sfruttare l'IA per la creazione di contenuti unici e coinvolgenti.

Il quarto capitolo ha evidenziato numerosi esempi di successo di come l'IA sia stata implementata in modo efficace per creare prodotti e servizi innovativi. Dalla personalizzazione nel marketing alla guida autonoma, dall'assistenza sanitaria virtuale alla produzione industriale, l'IA sta cambiando il modo in cui facciamo affari e migliorando la nostra vita quotidiana. Mentre queste sono solo alcune delle molte applicazioni possibili dell'IA, queste storie dimostrano chiaramente che il potenziale dell'IA per generare valore economico è enorme. Continua a esplorare il mondo dell'IA per trovare nuove opportunità e modi innovativi per guadagnare nel 2023.

CAPITOLO 5

Sfruttare l'IA per l'Automazione e l'Ottimizzazione

L'automazione e l'ottimizzazione sono diventate parole chiave nel mondo degli affari del 2023. L'intelligenza artificiale (IA) è la chiave per sbloccare il potenziale dell'automazione e dell'ottimizzazione, poiché offre la capacità di analizzare dati in tempo reale, prendere decisioni basate su algoritmi sofisticati e automatizzare processi complessi. In questo capitolo, esploreremo come l'IA può trasformare la tua attività, migliorando l'efficienza operativa e generando significativi guadagni finanziari.

Automazione dei Processi Aziendali

L'automazione dei processi aziendali (RPA) è una delle applicazioni più evidenti e immediate dell'IA. Questa tecnologia consente alle aziende di automatizzare una serie di compiti ripetitivi e regolari che altrimenti richiederebbero ore di lavoro manuale. Immagina di avere un esercito di robot virtuali che eseguono processi complessi in modo coerente e senza errori, 24 ore su 24, 7 giorni su 7. Questo è ciò che l'IA può fare per te. Ad esempio, nelle operazioni bancarie, l'IA può gestire automaticamente i processi di verifica dei documenti, accelerando il processo di approvazione dei prestiti e riducendo al minimo gli errori umani. Nell'ambito della logistica, i veicoli autonomi basati sull'IA possono ottimizzare le consegne, riducendo i costi di trasporto e migliorando la puntualità delle consegne.

Ottimizzazione dei Processi

L'IA può anche contribuire all'ottimizzazione dei processi aziendali. Questo significa analizzare i dati per identificare inefficienze, sprechi e aree in cui è possibile migliorare. Con l'IA, puoi ottenere una comprensione dettagliata delle tue operazioni e prendere decisioni basate su dati per massimizzare la produttività e ridurre i costi. Immagina di gestire un'azienda di produzione. L'IA può analizzare i dati sui tempi di produzione, le scorte e la domanda dei clienti per ottimizzare la catena di approvvigionamento e la pianificazione della produzione. Ciò si traduce in una produzione più efficiente, riduzione dei costi e tempi di consegna più rapidi.

Predizione della Domanda e Gestione delle Scorte

Un altro modo in cui l'IA può contribuire all'ottimizzazione è attraverso la predizione della domanda e la gestione delle scorte. L'IA è in grado di analizzare enormi quantità di dati storici e in tempo reale per prevedere con precisione quali prodotti o servizi saranno richiesti in futuro. Questo è particolarmente importante per le aziende che gestiscono scorte, poiché consente di ridurre al minimo il rischio di sovrastoccaggio o sottostoccaggio. Un esempio tangibile è l'industria della vendita al dettaglio. Con l'IA, le aziende possono prevedere i trend di acquisto dei consumatori in base a vari fattori, come le stagioni, le tendenze di mercato e gli eventi speciali. Ciò significa che possono pianificare le scorte in modo più accurato, evitando di avere troppo o troppo poco inventario.

Riduzione degli Errori e Aumento della Sicurezza

L'IA è straordinariamente precisa nell'esecuzione di compiti e analisi dati, il che riduce notevolmente il rischio di errori umani. In settori come la finanza, dove la precisione è essenziale, l'IA è utilizzata per analizzare grandi quantità di dati finanziari complessi e identificare potenziali anomalie o frodi. Ad esempio, un'algoritmo basato sull'IA può esaminare milioni di transazioni finanziarie alla ricerca di modelli sospetti che potrebbero indicare attività fraudolenta. Questo tipo di analisi è al di là delle capacità umane e può essere fondamentale per prevenire perdite finanziarie significative.

L'IA nei Servizi Clienti

Nell'era dell'IA, i clienti hanno aspettative sempre più alte per quanto riguarda i servizi clienti. Vogliono risposte immediate alle loro domande e soluzioni tempestive ai loro problemi. L'IA può aiutarti a soddisfare queste aspettative. I chatbot e gli assistenti virtuali basati sull'IA possono essere integrati nei tuoi canali di assistenza clienti, fornendo risposte rapide e accurate ai clienti 24/7. Questo non solo migliora l'esperienza del cliente, ma riduce anche i costi operativi, poiché è possibile gestire un volume maggiore di richieste senza aumentare il personale del servizio clienti.

L'IA nell'Industria Creativa

L'IA non è limitata solo a settori tradizionalmente legati ai numeri e ai dati. Sta facendo incursioni nell'industria creativa, tra cui la musica, l'arte e l'intrattenimento. Gli algoritmi di IA possono essere addestrati per generare musica, scrivere testi, creare opere d'arte e persino assistere nella produzione cinematografica. Per esempio, un musicista può utilizzare l'IA per creare basi musicali personalizzate in base al mood o allo stile desiderato. Un artista digitale può collaborare con algoritmi di generazione di immagini per creare opere d'arte uniche. Questo apre nuove opportunità per gli artisti e gli artisti digitali di sperimentare e innovare.

Il quinto capitolo ha esplorato il ruolo cruciale che l'IA gioca nell'automazione e nell'ottimizzazione delle attività aziendali. Dall'automazione dei processi alla predizione della domanda e dalla riduzione degli errori alla gestione delle scorte, abbiamo visto come l'IA possa migliorare l'efficienza, ridurre i costi e aumentare la sicurezza operativa Con l'IA, puoi trasformare la tua attività in un'operazione agile e all'avanguardia, posizionandoti per il successo nel competitivo mondo degli affari del 2023. Nei capitoli successivi, esploreremo ulteriormente le opportunità e le sfide legate all'IA e come puoi capitalizzare su questa tecnologia per guadagnare.

CAPITOLO 6

Investire nell'IA: Opportunità e Strategie

L'Intelligenza Artificiale (IA) sta trasformando rapidamente il panorama degli investimenti nel 2023. Gli investitori stanno cercando di capitalizzare su questa tecnologia rivoluzionaria che sta influenzando ogni aspetto delle nostre vite. In questo capitolo, esploreremo l'opportunità di investire nell'IA e le diverse strategie che gli investitori possono adottare per sfruttare al meglio questa tendenza in rapida crescita.

L'IA come Veicolo di Investimento

Prima di immergerci nelle strategie di investimento, è importante comprendere perché l'IA è così attraente per gli investitori. L'IA offre un potenziale di crescita significativo, poiché questa tecnologia è ancora in fase di sviluppo e ha applicazioni pratiche in molte industrie. Gli investitori vedono l'IA come una fonte di innovazione e un catalizzatore per il cambiamento economico.

Le Diverse Opportunità di Investimento nell'IA

Investire nell'IA può avvenire in diversi modi, a seconda del tuo profilo di rischio e delle tue conoscenze. Ecco alcune delle opportunità più comuni:

1. *Azioni di Aziende di Tecnologia*: Acquistare azioni di aziende leader nell'IA, come Alphabet (Google), Amazon, Microsoft e NVIDIA,

offre l'opportunità di sfruttare la crescita dell'IA attraverso aziende già stabilite.

2. *Fondi Comuni di Investimento*: Gli investitori possono partecipare all'IA attraverso fondi comuni di investimento specializzati in tecnologie emergenti o in società legate all'IA.

3. *Investimenti in Startup*: Partecipare all'IA investendo in startup che stanno sviluppando soluzioni innovative. Questo può comportare un maggiore rischio, ma anche un potenziale di crescita significativo.

4. *Trading di Criptovalute*: Alcune criptovalute, come Bitcoin ed Ethereum, sono strettamente legate all'IA e alla tecnologia blockchain. Il trading di criptovalute può essere un modo per investire indirettamente nell'IA.

Strategie di Investimento nell'IA

Le strategie di investimento nell'IA possono variare notevolmente in base agli obiettivi e alla tolleranza al rischio dell'investitore. Ecco alcune strategie comuni:

1. *Investimento a Lungo Termine*: Acquistare azioni o fondi comuni di investimento legati all'IA e tenerli per un lungo periodo per beneficiare della crescita a lungo termine.

2. **Trading Attivo**: Gli investitori attivi cercano opportunità di trading nell'IA basate su analisi tecnica e fondamentale. Questa strategia comporta un monitoraggio costante dei mercati e delle notizie sull'IA.

3. **Diversificazione**: Spread degli investimenti su diverse società o settori legati all'IA per ridurre il rischio. Questo può includere sia investimenti diretti che indiretti.

4. **Investimenti Etici**: Alcuni investitori cercano di concentrarsi su aziende che utilizzano l'IA in modi etici e responsabili, evitando settori controversi o problematici.

Le Sfide degli Investimenti nell'IA

Investire nell'IA non è privo di sfide. Il settore è in continua evoluzione, il che significa che è necessario rimanere informati sulle nuove tecnologie e le tendenze emergenti. Inoltre, l'IA può essere influenzata da regolamentazioni governative e da preoccupazioni etiche, che possono avere un impatto sui mercati finanziari.

Investire nell'IA è un'opportunità interessante per coloro che cercano di sfruttare il potenziale di questa tecnologia in rapida crescita. Tuttavia, è importante avere una strategia chiara, comprensione delle sfide e conoscenza dei mercati finanziari. Prima di impegnare capitali, è consigliabile consultare un consulente finanziario o effettuare una ricerca accurata per prendere decisioni informate. Con la giusta strategia e la consapevolezza degli sviluppi nell'IA, gli investitori possono sfruttare al meglio questa opportunità unica nel suo genere nel 2023.

CAPITOLO 7

Il Ruolo dell'IA nella Creazione di Contenuti e Marketing

Nel mondo digitale di oggi, la creazione di contenuti e il marketing sono diventati elementi essenziali per il successo di qualsiasi azienda. Ma cosa succede quando un alleato virtuale entra in gioco? L'intelligenza artificiale (IA) sta rivoluzionando il modo in cui creiamo contenuti, raggiungiamo il nostro pubblico e guidiamo le strategie di marketing. In questo capitolo, esploreremo come l'IA sta cambiando il volto del marketing e della produzione di contenuti, e come puoi sfruttare queste nuove opportunità per fare soldi nel 2023.

L'IA e la Generazione di Contenuti

Uno dei modi più sorprendenti in cui l'IA sta influenzando la creazione di contenuti è attraverso la generazione automatica di testi, immagini e video. Gli algoritmi di IA possono analizzare grandi quantità di dati per creare contenuti personalizzati e rilevanti per il pubblico. Ad esempio, un'azienda di e-commerce può utilizzare l'IA per generare descrizioni di prodotti uniche per migliaia di articoli, risparmiando tempo e risorse.

Scrittura Assistita dall'IA

L'IA può anche assistere gli scrittori umani nella produzione di contenuti di alta qualità. Gli strumenti di scrittura assistita dall'IA possono suggerire frasi, migliorare la grammatica e la coerenza del testo e persino generare idee per articoli o post sui social media.

Questi strumenti sono un alleato prezioso per blogger, giornalisti e professionisti del marketing.

Personalizzazione dei Contenuti

Una delle chiavi del successo nel marketing è la personalizzazione. L'IA può analizzare i dati dei clienti e adattare i messaggi e i contenuti in base alle preferenze individuali. Ad esempio, una piattaforma di streaming video utilizza l'IA per suggerire programmi basati sulle abitudini di visione di ciascun utente. Questa personalizzazione migliora l'esperienza dell'utente e aumenta l'engagement.

Analisi dei Dati e Insights

L'IA è in grado di analizzare enormi quantità di dati in tempo reale, fornendo insights preziosi per le strategie di marketing. Può rilevare modelli nei dati dei clienti, identificare tendenze di mercato e aiutare a prendere decisioni informate. Ad esempio, un'azienda di abbigliamento può utilizzare l'IA per identificare le tendenze di moda emergenti e adattare la produzione di conseguenza.

Ottimizzazione delle Campagne di Marketing

L'IA può ottimizzare le campagne di marketing in tempo reale. Algoritmi di apprendimento automatico possono regolare automaticamente le strategie di offerta, la segmentazione del pubblico e la distribuzione dei budget pubblicitari per massimizzare il rendimento dell'investimento. Ciò significa che le aziende possono ottenere risultati migliori con meno spreco di risorse.

Chatbot e Assistenza Virtuale

I chatbot basati sull'IA stanno trasformando l'assistenza clienti e la comunicazione aziendale. Possono rispondere alle domande dei clienti in modo istantaneo, guidare gli utenti attraverso processi complessi e persino vendere prodotti o servizi. I chatbot possono essere integrati su siti web, app e piattaforme di social media per migliorare l'efficienza e la soddisfazione del cliente.

Esempi di Successo

Molti brand di successo stanno già sfruttando l'IA per migliorare le loro strategie di marketing e la creazione di contenuti. Ad esempio, Netflix utilizza algoritmi di IA per personalizzare le raccomandazioni di contenuti per gli utenti, aumentando la ritenzione e l'engagement. Nike ha utilizzato l'IA per sviluppare una chatbot di allenamento virtuale che offre consulenza personalizzata agli atleti.

Sfide nell'Utilizzo dell'IA nel Marketing e nella Creazione di Contenuti

Nonostante i numerosi vantaggi, ci sono anche sfide nell'uso dell'IA nel marketing e nella produzione di contenuti. La qualità dei dati è fondamentale, e l'IA può produrre risultati deludenti se i dati di addestramento non sono accurati. Inoltre, è importante affrontare questioni etiche, come la privacy dei dati e la trasparenza nell'uso dell'IA.

Il settimo capitolo ha esplorato come l'IA stia rivoluzionando il marketing e la creazione di contenuti. Dalla generazione automatica di contenuti alla personalizzazione dei messaggi, l'IA offre nuove opportunità per le aziende di raggiungere il proprio pubblico in modo più efficace e efficiente. Tuttavia, è fondamentale affrontare le sfide legate ai dati e alle questioni etiche mentre si sfruttano queste nuove tecnologie. Nel mondo in continua evoluzione del marketing digitale, l'IA è un alleato prezioso per chiunque desideri avere successo nel 2023 e oltre.

CAPITOLO 8

Monetizzare i Dati con l'IA: Sfruttare l'oro nascosto

Nel mondo altamente interconnesso e digitalizzato del 2023, i dati sono diventati una risorsa preziosa. Le organizzazioni raccolgono enormi quantità di dati su clienti, processi operativi, mercati e molto altro. Ma questi dati non sono solo un "bene" da accumulare; possono diventare una fonte significativa di guadagno, grazie all'intelligenza artificiale (IA). In questo capitolo, esploreremo come puoi monetizzare i dati con l'IA e sfruttare questa risorsa straordinaria.

Il Potenziale Dei Dati

Prima di addentrarci nel dettaglio di come l'IA possa essere utilizzata per monetizzare i dati, è importante capire il potenziale intrinseco dei dati stessi. I dati rappresentano informazioni su comportamenti, preferenze, tendenze e altro ancora. Questi dati possono essere preziosi per le aziende, i ricercatori e altri soggetti interessati a prendere decisioni basate su dati concreti.

Apprendimento Automatico e Analisi dei Dati

L'IA, in particolare l'apprendimento automatico, è fondamentale per estrarre valore dai dati. Gli algoritmi di apprendimento automatico possono analizzare grandi dataset per identificare modelli, tendenze e correlazioni nascoste. Ad esempio, un'azienda di e-commerce potrebbe utilizzare l'IA per analizzare i dati sugli acquisti dei clienti e scoprire quali prodotti sono spesso acquistati insieme, permettendo loro di ottimizzare le raccomandazioni e aumentare le vendite incrociate.

Esempio Pratico: Amazon e il suo Algoritmo di Raccomandazione

Un esempio classico di monetizzazione dei dati con l'IA è l'algoritmo di raccomandazione di Amazon. Quando acquisti su Amazon e visualizzi un prodotto, il sistema utilizza l'IA per analizzare il tuo comportamento di navigazione e acquisto. In base a ciò, Amazon ti suggerisce prodotti correlati che potrebbero interessarti. Questo approccio ha dimostrato di aumentare notevolmente le vendite di Amazon, poiché i clienti sono più inclini ad acquistare prodotti che sono stati personalmente consigliati.

L'IA per la Segmentazione del Mercato

Un altro modo in cui le aziende monetizzano i dati è attraverso la segmentazione del mercato. Utilizzando l'IA per analizzare dati demografici, geografici, comportamentali e altre informazioni sui clienti, le aziende possono suddividere il loro pubblico in segmenti più piccoli e mirare alle esigenze specifiche di ciascun segmento. Ad esempio, una compagnia aerea potrebbe utilizzare i dati dei suoi clienti per identificare i viaggiatori frequenti e quindi offrire loro offerte speciali o programmi di fedeltà personalizzati.

Esempio Pratico: Netflix e il Contenuto Personalizzato

Netflix è noto per il suo approccio all'IA nell'erogazione di contenuti personalizzati. L'IA analizza i dati sugli spettatori, come le loro preferenze di visualizzazione e le valutazioni, per suggerire programmi e film su misura. Questo livello di personalizzazione contribuisce all'esperienza degli utenti e mantiene gli abbonati più impegnati con la piattaforma.

Monetizzazione dei Dati e Privacy

È importante notare che la monetizzazione dei dati non dovrebbe avvenire a spese della privacy. Le aziende devono rispettare rigorose norme sulla privacy dei dati e garantire che i dati dei clienti siano adeguatamente protetti. Violazioni della privacy possono portare a gravi conseguenze legali ed etiche.

Il capitolo 8 ha esaminato in dettaglio come l'IA possa essere utilizzata per monetizzare i dati, rivelando il potenziale nascosto in queste ricche fonti di informazioni. Dall'analisi dei dati all'ottimizzazione delle raccomandazioni, le aziende stanno sfruttando con successo l'IA per creare valore dai loro dati. Tuttavia, è fondamentale adottare un approccio etico e responsabile nella gestione dei dati, garantendo che la privacy dei clienti sia protetta. Nel prossimo capitolo, esploreremo ulteriormente il ruolo cruciale dell'IA nell'evoluzione del mondo aziendale nel 2023.

CAPITOLO 9

L'IA e il Futuro del Lavoro: Creare Opportunità

Nel 2023, il mondo del lavoro è in costante evoluzione a causa della crescente presenza dell'Intelligenza Artificiale (IA). Mentre alcune persone temono che l'IA possa sostituire i lavoratori umani, esiste un altro lato della medaglia: l'IA offre nuove opportunità di carriera, di formazione e di innovazione. In questo capitolo, esploreremo come l'IA stia ridefinendo il futuro del lavoro e come puoi sfruttarla per creare opportunità di successo.

La Rivoluzione Tecnologica e il Futuro del Lavoro

La storia ha dimostrato che le rivoluzioni tecnologiche possono portare a cambiamenti significativi nel mercato del lavoro. Con l'avvento dell'IA, stiamo assistendo a una trasformazione simile, ma con opportunità uniche. Alcuni lavori tradizionali potrebbero essere automatizzati, ma molti altri richiederanno competenze legate all'IA.

Il Ruolo dell'IA nei Lavori Attuali

Molti lavori attuali stanno già beneficiando dell'IA. Ad esempio, nelle industrie manifatturiere, i robot intelligenti lavorano fianco a fianco con gli operai umani per aumentare la produttività e la sicurezza. Nel settore sanitario, l'IA è utilizzata per assistere i medici nella diagnosi e nel trattamento delle malattie. Questi esempi dimostrano che l'IA può essere un complemento prezioso per le competenze umane.

Creare Lavori Basati sull'IA

Una delle opportunità più entusiasmanti è la creazione di nuovi lavori basati sull'IA. Ci sono crescenti opportunità per sviluppare, implementare e gestire sistemi di intelligenza artificiale. Ad esempio, gli ingegneri dell'IA sono altamente richiesti per progettare algoritmi avanzati e sviluppare nuove applicazioni. Gli specialisti della sicurezza informatica giocano un ruolo critico nella protezione dei sistemi basati sull'IA da minacce esterne.

Il Ruolo dell'Istruzione e della Formazione

La formazione è la chiave per capitalizzare sulle opportunità offerte dall'IA. Le università e le istituzioni educative stanno offrendo programmi specifici per l'IA, ma l'apprendimento continuo è essenziale. I lavoratori possono beneficiare della formazione in corso per acquisire nuove competenze e rimanere rilevanti nel mercato del lavoro in evoluzione.

L'IA e l'Imprenditorialità

L'IA offre anche opportunità imprenditoriali. Le nuove startup stanno emergendo per sviluppare soluzioni basate sull'IA per una vasta gamma di settori, dalla salute alla logistica, dalla finanza all'educazione. L'accesso a strumenti di sviluppo di IA sempre più accessibili e a fonti di finanziamento significa che anche le piccole imprese possono entrare in questo campo.

Risolvere Problemi Complessi

L'IA può essere utilizzata per affrontare problemi complessi che richiedono intelligenza umana. Ad esempio, può essere applicata all'analisi dei big data per identificare tendenze di mercato o per la ricerca scientifica avanzata. Questi lavori richiederanno competenze specializzate nell'IA e offrono opportunità di carriera altamente gratificanti.

La Gestione del Cambiamento

Mentre ci avviciniamo al futuro del lavoro basato sull'IA, è importante riconoscere che ci saranno sfide. La gestione del cambiamento è un aspetto fondamentale. I lavoratori e le aziende dovranno adattarsi a nuovi modelli di lavoro e nuove dinamiche aziendali. Tuttavia, con la giusta preparazione e la mentalità giusta, queste sfide possono essere superate.

Il nono capitolo ha esplorato il ruolo cruciale che l'IA sta giocando nel futuro del lavoro. Mentre alcune professioni tradizionali potrebbero subire cambiamenti, l'IA offre anche opportunità straordinarie per chi è disposto a imparare, adattarsi e innovare. Creare e sfruttare nuovi lavori basati sull'IA è fondamentale per capitalizzare sul potenziale di questa tecnologia e per creare un futuro professionale di successo nel 2023 e oltre.

CAPITOLO 10

Rischi e Regolamentazioni nell'Intelligenza Artificiale

L'intelligenza artificiale (IA) rappresenta una delle tecnologie più promettenti e rivoluzionarie del nostro tempo. Tuttavia, insieme alle opportunità straordinarie che offre, l'IA porta con sé una serie di rischi e complessità che devono essere affrontati in modo ponderato e regolamentato. In questo capitolo, esploreremo i vari aspetti dei rischi legati all'IA e le sfide connesse alla sua regolamentazione.

I Rischi dell'IA

1. *Privacy dei Dati*: Uno dei rischi principali legati all'IA riguarda la privacy dei dati. Poiché l'IA dipende da grandi quantità di dati per apprendere e migliorare, la raccolta e la gestione dei dati personali possono diventare problematiche. È importante garantire che i dati siano trattati in modo sicuro e conforme alle leggi sulla privacy.

2. *Bias e Discriminazione*: Gli algoritmi di IA possono essere influenzati dai pregiudizi presenti nei dati di addestramento, portando a decisioni discriminatorie. È essenziale monitorare attentamente l'IA per evitare discriminazioni basate su razza, genere o altri fattori.

3. *Sicurezza Cibernetica*: L'IA può essere vulnerabile a minacce informatiche. Gli hacker possono cercare di manipolare i modelli di IA o di accedere a dati sensibili. Le aziende devono investire nella sicurezza cibernetica per proteggere le loro risorse e i dati dei clienti.

4. *Perdita di Lavoro*: Sebbene l'IA possa automatizzare molte attività, c'è il timore che possa portare alla perdita di posti di lavoro. È importante considerare come mitigare questo impatto attraverso la formazione e la creazione di nuove opportunità di lavoro legate all'IA.

Regolamentazioni sull'IA

1. *Trasparenza e Responsabilità*: Le normative sull'IA dovrebbero richiedere trasparenza nelle decisioni prese dagli algoritmi e responsabilità per eventuali errori o decisioni dannose. Questo può essere fatto attraverso l'obbligo di documentare le decisioni e l'implementazione di regole etiche.

2. *Valutazione dell'Impatto Sociale*: Le agenzie governative e le organizzazioni devono condurre valutazioni dell'impatto sociale dell'IA prima di introdurre nuove tecnologie. Questo può contribuire a identificare potenziali effetti collaterali negativi e a mitigarli in anticipo.

3. *Normative Settoriali*: Diverse industrie possono richiedere normative specifiche legate all'IA. Ad esempio, il settore sanitario può necessitare di regolamenti per garantire la sicurezza e l'efficacia degli algoritmi diagnostici, mentre il settore finanziario può richiedere normative sulla trasparenza nei modelli di previsione dei mercati.

4. *Cooperazione Internazionale*: Dato che l'IA è una tecnologia globale, la cooperazione internazionale è fondamentale. Gli sforzi

congiunti per stabilire normative globali possono garantire una regolamentazione coerente e efficace.

Esempi di Regolamentazioni Attuali

Alcuni paesi hanno già iniziato a introdurre regolamentazioni sull'IA. Ad esempio, l'Unione Europea ha pubblicato il regolamento "Trustworthy AI" che stabilisce principi chiave come trasparenza, etica e accountability per l'IA. Negli Stati Uniti, ci sono varie leggi statali sulla privacy dei dati, mentre la Federal Trade Commission (FTC) sta esaminando le pratiche commerciali legate all'IA.

La Strada Verso una Regolamentazione Efficace

La regolamentazione dell'IA è una sfida complessa, poiché deve bilanciare l'innovazione con la sicurezza e la responsabilità. È essenziale coinvolgere esperti del settore, organizzazioni non governative e rappresentanti dei consumatori nel processo decisionale. La regolamentazione dovrebbe essere agile e in grado di adattarsi rapidamente all'evoluzione dell'IA.

Mentre l'IA offre opportunità straordinarie per il guadagno finanziario, è fondamentale comprendere e affrontare i rischi associati e promuovere una regolamentazione efficace. La protezione della privacy dei dati, la prevenzione del bias algoritmico, la sicurezza cibernetica e la gestione dell'impatto sociale sono solo alcune delle sfide da considerare. Con un approccio equilibrato e la cooperazione tra governi, aziende e comunità globali, possiamo realizzare il potenziale dell'IA in modo responsabile e sostenibile nel 2023 e oltre.

CAPITOLO 11

Etica e Trasparenza nell'Uso dell'Intelligenza Artificiale

Nel mondo in costante evoluzione dell'Intelligenza Artificiale (IA), emergono sempre più preoccupazioni etiche riguardo al suo utilizzo. Mentre l'IA offre opportunità straordinarie per l'innovazione e il guadagno finanziario, è essenziale considerare le implicazioni etiche e la necessità di trasparenza nell'adozione e nello sviluppo di questa tecnologia. In questo capitolo, esploreremo approfonditamente il ruolo dell'etica e della trasparenza nell'IA, analizzando le sfide e le strategie per affrontarle.

L'Etica nell'IA: Una Necessità Imperativa

Molte delle applicazioni dell'IA comportano decisioni che hanno un impatto diretto sulla vita delle persone. Ad esempio, algoritmi di IA vengono utilizzati nella selezione del personale, nel settore finanziario, nella medicina e in molte altre aree. Questi algoritmi possono influenzare l'accesso alle opportunità lavorative, i prestiti finanziari e le diagnosi mediche. Pertanto, è cruciale che l'IA venga utilizzata in modo etico per evitare discriminazioni, ingiustizie o danni involontari.

Bias nell'IA e Discriminazione Algoritmica

Uno dei problemi più critici legati all'etica nell'IA è il bias algoritmico. Gli algoritmi di IA imparano dai dati di addestramento, che possono contenere bias culturali o sociali. Ciò può portare a decisioni discriminatorie o ingiuste. Ad esempio, un algoritmo di selezione del personale potrebbe favorire candidati di un certo genere o background etnico a scapito di altri. Per affrontare questo problema, è fondamentale monitorare e correggere il bias nei modelli di IA.

Privacy dei Dati nell'IA

L'IA si basa su enormi quantità di dati, spesso dati personali degli utenti. La protezione della privacy dei dati è un elemento chiave dell'etica nell'IA. Le aziende devono garantire che i dati degli utenti vengano raccolti, archiviati e utilizzati in modo sicuro e conforme alle leggi sulla privacy. L'anonimizzazione dei dati e il controllo degli utenti sui propri dati sono principi fondamentali per garantire la privacy nell'IA.

Trasparenza e Accountability

La trasparenza è un aspetto essenziale dell'etica nell'IA. Gli utenti devono comprendere come vengono utilizzati i loro dati e come vengono prese le decisioni dagli algoritmi di IA. Le aziende devono essere aperte riguardo ai loro processi decisionali e ai criteri utilizzati dagli algoritmi. Inoltre, devono essere pronte ad assumersi la responsabilità delle conseguenze delle decisioni prese dai loro sistemi di IA.

Regolamentazione e Normative sull'IA

A livello globale, sta emergendo una maggiore attenzione alla regolamentazione dell'IA. Le normative possono contribuire a creare linee guida etiche e a definire standard per l'uso responsabile dell'IA.

Tuttavia, è importante trovare un equilibrio tra la regolamentazione e l'innovazione, garantendo che le normative non frenino lo sviluppo e l'adozione dell'IA.

Educazione e Formazione Etica nell'IA

L'educazione è fondamentale per affrontare le sfide etiche dell'IA. Gli sviluppatori, gli utenti e i decisori aziendali devono essere formati per comprendere le implicazioni etiche e le migliori pratiche nell'uso dell'IA. Le istituzioni accademiche, le aziende e le organizzazioni non profit stanno sviluppando programmi di formazione etica nell'IA per affrontare questa esigenza crescente.

Studi di Caso e Esempi di Etica nell'IA

Un modo efficace per comprendere l'importanza dell'etica nell'IA è esaminare studi di casi concreti e esempi di come le aziende stanno affrontando queste questioni. Dalle politiche di etica nell'IA adottate da giganti tecnologici alle iniziative di piccole startup, ci sono molte lezioni da imparare dagli altri.

L'etica e la trasparenza sono fondamentali per garantire che l'IA sia uno strumento positivo per la società e l'economia nel 2023 e oltre. Prevenire il bias, proteggere la privacy dei dati, essere trasparenti nell'uso dell'IA e formare le persone su queste questioni sono passi essenziali. Affrontare queste sfide etiche è una responsabilità condivisa tra gli sviluppatori, le aziende e la società nel suo complesso.

Solo attraverso un approccio etico all'IA possiamo massimizzare il suo potenziale positivo e mitigare i rischi associati.

CAPITOLO 12

Casi di Studio: Successi e Fallimenti nell'Uso dell'IA

L'intelligenza artificiale (IA) è diventata una forza trainante in molti settori, portando a successi straordinari e, in alcuni casi, a fallimenti significativi. In questo capitolo, esamineremo una serie di casi di studio per comprendere meglio come l'IA può influenzare positivamente o negativamente un'organizzazione o un'azienda. Attraverso questi esempi concreti, otterremo una visione più chiara delle sfide e delle opportunità nell'implementazione dell'IA.

Caso di Studio 1: Il Successo di Amazon con il Machine Learning

Amazon è uno dei colossi dell'industria che ha sfruttato l'IA con successo. Il suo sistema di raccomandazione utilizza algoritmi di machine learning per suggerire prodotti agli acquirenti in base ai loro precedenti acquisti e comportamenti di navigazione. Questo approccio ha notevolmente aumentato le vendite e l'engagement degli utenti, dimostrando il potere dell'IA nella personalizzazione delle esperienze dei clienti.

Caso di Studio 2: L'Errore Fatale di Uber nel Settore dei Veicoli Autonomi

Uber è stato uno dei pionieri nel campo dei veicoli autonomi, ma il suo progetto ha subito una battuta d'arresto significativa nel 2018 quando uno dei suoi veicoli ha investito e ucciso un pedone in Arizona. Questo tragico incidente ha messo in luce le sfide della sicurezza nell'adozione dell'IA nel settore automobilistico e ha sollevato importanti domande etiche.

Caso di Studio 3: IBM Watson e il Successo nella Sanità

IBM Watson è diventato noto per la sua capacità di analizzare grandi quantità di dati medici e suggerire diagnosi e piani di trattamento. Questa tecnologia ha aiutato medici e ricercatori a identificare nuove terapie e a migliorare le cure mediche. L'IA si è dimostrata un prezioso strumento di supporto nella ricerca medica e nella fornitura di cure più personalizzate.

Caso di Studio 4: Il Fallimento di Tay, il Chatbot di Microsoft

Microsoft ha lanciato il chatbot Tay su Twitter con l'intenzione di apprendere dalle interazioni degli utenti e migliorare nel tempo. Tuttavia, a causa di abusi e manipolazioni da parte degli utenti, Tay ha iniziato a pubblicare contenuti razzisti e offensivi in poche ore. Questo episodio evidenzia la necessità di una supervisione attenta nelle applicazioni di IA che interagiscono direttamente con il pubblico.

Caso di Studio 5: La Guida Autonoma di Tesla

Tesla è stata un'azienda all'avanguardia nella guida autonoma, offrendo funzionalità avanzate di assistenza alla guida basate sull'IA. Tuttavia, ci sono stati incidenti mortali che coinvolgono veicoli Tesla con il pilota automatico attivo, portando all'attenzione pubblica le questioni di sicurezza e responsabilità legate all'IA nella guida autonoma.

Caso di Studio 6: La Creazione di Arte con l'IA

L'IA ha anche fatto incursioni nell'arte e nell'industria creativa. Artisti e musicisti hanno sfruttato algoritmi di IA per creare opere d'arte uniche e composizioni musicali. Questa tendenza ha sollevato domande sul significato dell'arte generata da macchine e sul ruolo dell'artista umano nell'era dell'IA.

Caso di Studio 7: La Trasformazione del Settore Finanziario con l'IA

Nel settore finanziario, l'IA è stata utilizzata per l'analisi dei dati finanziari, la gestione degli investimenti e la prevenzione delle frodi. I robot advisor basati sull'IA offrono consulenza finanziaria automatizzata, rendendo gli investimenti accessibili a un pubblico più ampio. Tuttavia, ci sono state preoccupazioni riguardo alla sicurezza dei dati e alla trasparenza nell'uso dell'IA nel settore finanziario.

Caso di Studio 8: La Trasformazione dell'Assistenza Sanitaria con l'IA

L'IA ha rivoluzionato l'assistenza sanitaria, consentendo diagnosi più precise, migliorando la gestione dei pazienti e accelerando la scoperta di nuovi farmaci. Tuttavia, ci sono sfide legate alla privacy dei dati e alla necessità di una regolamentazione rigorosa per garantire che l'IA venga utilizzata in modo etico e sicuro.

Caso di Studio 9: La Creazione di Contenuti con l'IA nell'Editoria

Nell'editoria, alcune aziende stanno utilizzando l'IA per generare automaticamente articoli, rapporti finanziari e persino libri. Questa tecnologia può aumentare la produttività, ma ha sollevato preoccupazioni sulla qualità e sull'originalità del contenuto generato dall'IA.

Caso di Studio 10: L'IA e l'Industria Manifatturiera

L'IA è stata adottata nell'industria manifatturiera per ottimizzare la produzione, ridurre i costi e migliorare la qualità dei prodotti. I robot collaborativi e gli algoritmi di manutenzione predittiva sono solo alcune delle applicazioni dell'IA che stanno trasformando il settore manifatturiero.

In conclusione, questi casi di studio illustrano il potenziale trasformativo dell'IA in vari settori, ma anche le sfide e le responsabilità associate alla sua adozione. L'IA è una tecnologia potente che richiede una gestione attenta per massimizzare i benefici e mitigare i rischi.

CAPITOLO 13

L'IA nell'Industria Creativa: Musica, Arte e Intrattenimento

Nel mondo dell'intelligenza artificiale (IA), uno dei campi più affascinanti è il suo impato sull'industria creativa, che include musica, arte e intrattenimento. Nel 2023, l'IA sta rivoluzionando la creazione artistica in modi che avremmo potuto solo immaginare in passato. In questo capitolo, esploreremo come l'IA stia influenzando e potenziando l'arte e l'intrattenimento in molteplici modi innovativi.

Musica Generata dall'IA

La musica è un linguaggio universale che ispira emozioni e connessioni umane profonde. L'IA è stata impiegata con successo per generare musica in modo autonomo. Gli algoritmi di generazione musicale basati sull'IA possono comporre brani originali in vari stili musicali. Questi algoritmi analizzano le strutture musicali esistenti, identificano i pattern e producono nuove composizioni. Ad esempio, l'IA può comporre musica classica in stile Bach o generare melodie pop contemporanee.

Ricerca e Scoperta Musicale

Un altro aspetto cruciale dell'IA nell'industria musicale è la sua capacità di migliorare la ricerca e la scoperta musicale. Le piattaforme di streaming utilizzano algoritmi di IA per suggerire nuove canzoni o artisti in base alle preferenze dell'utente e agli ascolti precedenti.

Questi algoritmi analizzano i dati di ascolto e le recensioni degli utenti per creare playlist personalizzate e raccomandazioni musicali.

Produzione Musicale Assistita da IA

Nel processo di produzione musicale, l'IA offre assistenza preziosa. Gli strumenti di mixaggio e mastering basati sull'IA possono ottimizzare la qualità audio, eliminare rumori indesiderati e migliorare l'equilibrio sonoro. Questo permette agli artisti e ai produttori di creare registrazioni di alta qualità in modo più efficiente.

Arte Generata dall'IA

L'IA è anche un protagonista nell'ambito artistico, contribuendo alla creazione di opere d'arte uniche e innovative. Gli algoritmi di generazione artistica possono produrre immagini, illustrazioni e persino opere d'arte tridimensionali. Artisti e designer collaborano spesso con l'IA per esplorare nuove frontiere creative. Ad esempio, il generativo adversarial network (GAN) è un tipo di IA utilizzato per creare arte generativa che sfida i confini della creatività umana.

Scenari di Intrattenimento Immersivi

Nell'ambito dell'intrattenimento, l'IA sta rivoluzionando l'esperienza degli utenti attraverso scenari immersivi e interattivi. Gli ambienti virtuali e i giochi basati sull'IA consentono agli utenti di vivere esperienze coinvolgenti in cui possono prendere decisioni che influenzano la trama e l'outcome del gioco. Gli assistenti virtuali e i chatbot basati sull'IA sono utilizzati per creare conversazioni interattive in tempo reale all'interno di giochi, fornendo ai giocatori una sensazione di coinvolgimento più profonda.

Impatto sulla Creatività Umana

Una delle domande chiave riguardo all'IA nell'industria creativa riguarda il suo impatto sulla creatività umana. Alcuni vedono l'IA come uno strumento che può ispirare gli artisti umani, suggerendo nuove idee e nuove direzioni creative. Altri temono che l'IA possa sostituire l'umanità nella creazione artistica. La realtà è che l'IA può coesistere con la creatività umana, fornendo nuove prospettive e strumenti senza sostituire completamente l'artista.

Il tredicesimo capitolo ha esplorato come l'IA stia trasformando l'industria creativa, dalla musica all'arte all'intrattenimento. L'IA sta aprendo nuove opportunità creative e sta potenziando gli artisti e i professionisti dell'intrattenimento a livelli mai visti prima. Tuttavia, è importante riconoscere che l'IA è uno strumento, non un sostituto della creatività umana. L'arte e l'intrattenimento continuano a prosperare grazie alla combinazione unica di intuizione, empatia e ingegno umano, arricchiti dalle capacità dell'IA. Nelle pagine successive del libro, esploreremo ulteriormente il ruolo dell'IA in altre industrie e come puoi capitalizzare su questa tecnologia in evoluzione nel 2023.

CAPITOLO 14

Tendenze Future nell'Intelligenza Artificiale

L'intelligenza artificiale (IA) è una delle tecnologie più dinamiche e in evoluzione nel mondo moderno. Nel 2023, il campo dell'IA è in costante movimento, con nuove scoperte, sviluppi e applicazioni che emergono regolarmente. In questo capitolo, esploreremo alcune delle tendenze future più promettenti nell'IA e come queste possono plasmare il modo in cui facciamo affari e guadagniamo nell'era dell'IA.

1. *IA Interpretativa e Spiegabile*

Una delle sfide principali nell'IA è la sua mancanza di trasparenza. Molti algoritmi di apprendimento automatico sono "scatole nere", il che significa che producono risultati senza fornire spiegazioni chiare su come sono stati raggiunti. Nel futuro, si prevede un aumento dell'IA interpretativa e spiegabile, che consentirà alle persone di comprendere meglio il processo decisionale dell'IA. Questo è particolarmente importante in settori come la sanità e la finanza, dove la responsabilità e la comprensione sono cruciali.

2. IA su Misura

L'IA sta diventando sempre più personalizzata. Le soluzioni basate sull'IA saranno in grado di adattarsi alle esigenze specifiche degli utenti, fornendo esperienze altamente personalizzate. Ad esempio, un assistente virtuale basato sull'IA potrebbe imparare e adattarsi al linguaggio e alle preferenze di un utente nel tempo, rendendo le interazioni più fluide ed efficaci.

3. IA per la Salute e il Benessere

L'IA sta rivoluzionando il settore sanitario. Nel futuro, vedremo una crescente adozione dell'IA per la diagnosi precoce, la scoperta di farmaci e il monitoraggio delle condizioni dei pazienti. I dispositivi indossabili basati sull'IA diventeranno sempre più comuni, consentendo alle persone di monitorare la propria salute in tempo reale.

4. IA in Automobili Autonome e Trasporti

L'industria automobilistica è sulla strada per una trasformazione epocale con l'adozione di veicoli autonomi. L'IA svolge un ruolo cruciale nella guida autonoma, consentendo ai veicoli di percepire l'ambiente circostante e prendere decisioni in tempo reale. Nel futuro, ci aspettiamo di vedere una maggiore integrazione dell'IA nei trasporti pubblici e nella logistica.

5. IA per la Sicurezza e la Cybersecurity

Con la crescente complessità delle minacce informatiche, l'IA sta diventando uno strumento fondamentale per la sicurezza informatica. I sistemi basati sull'IA possono rilevare e rispondere alle minacce in modo più veloce ed efficace rispetto ai metodi tradizionali. La sicurezza delle reti e dei dati sarà una priorità sempre maggiore nel futuro.

6. IA per l'Apprendimento Automatico delle Macchine

L'apprendimento automatico delle macchine è un settore in crescita nell'IA. Nel futuro, vedremo un'espansione dell'apprendimento automatico delle macchine, che consente alle macchine di apprendere autonomamente senza supervisione umana. Questo ha il potenziale per rivoluzionare l'automazione e l'ottimizzazione in una vasta gamma di settori.

7. IA in Etica e Normative

Con l'adozione sempre più diffusa dell'IA, sorgono anche questioni etiche e normative. Nel futuro, vedremo un aumento dell'attenzione su come regolare l'uso dell'IA per garantire la trasparenza, la responsabilità e la giustizia. L'IA etica diventerà una priorità per le aziende e i governi.

8. IA in Spazi Non Tradizionali

L'IA non si limiterà ai settori tradizionali. La sua applicabilità si estenderà a spazi non convenzionali, come l'agricoltura, la conservazione dell'ambiente, l'arte e la musica. Vedremo l'IA utilizzata per affrontare sfide globali e creare esperienze creative uniche.

Il futuro dell'IA è eccezionalmente promettente. Le tendenze emergenti nell'IA stanno aprendo nuove porte per l'innovazione, l'efficienza e la creazione di valore. Per chi desidera guadagnare con l'IA nel 2023 e oltre, rimanere informati su queste tendenze e adattarsi alle opportunità in evoluzione sarà fondamentale. L'IA sta plasmando il mondo in modi che solo pochi anni fa sembravano fantascienza, e il futuro offre opportunità senza limiti per coloro che sono pronti ad abbracciare questa rivoluzione tecnologica.

CAPITOLO 15

Guida alla Pratica: Passi Concreti per Sfruttare l'IA

Hai appreso i fondamenti dell'Intelligenza Artificiale (IA), esaminato casi di studio e scoperto le numerose opportunità offerte da questa tecnologia. Ora è il momento di mettere in pratica quanto hai imparato. In questo quindicesimo capitolo, ti guideremo attraverso i passi concreti che dovrai intraprendere per sfruttare l'IA al massimo delle tue potenzialità e guadagnare nel 2023.

1. Identifica un Obiettivo Chiave

Prima di iniziare qualsiasi progetto basato sull'IA, è essenziale identificare un obiettivo chiaro e specifico. Che si tratti di migliorare la produttività aziendale, ottimizzare i processi, creare un nuovo prodotto o servizio, o qualsiasi altra cosa, avere un obiettivo ben definito ti aiuterà a mantenere la direzione e a misurare il successo.

2. Acquisisci Competenze nell'IA

Se non sei già un esperto di IA, è il momento di acquisire le competenze necessarie. Ci sono numerose risorse disponibili, tra cui corsi online, tutorial e libri, che possono aiutarti a padroneggiare le nozioni di base e oltre. Investire nel tuo apprendimento è il primo passo per sfruttare l'IA a tuo vantaggio.

3. Raccogli e Gestisci i Dati

L'IA è fame di dati. Per ottenere risultati significativi, dovrai raccogliere, organizzare e gestire i dati pertinenti al tuo obiettivo. Assicurati di rispettare le leggi sulla privacy dei dati e di garantire che i dati siano accurati e completi.

4. Seleziona le Giuste Risorse e Strumenti

Ci sono molte risorse e strumenti disponibili per sviluppare soluzioni basate sull'IA. La scelta dipenderà dall'obiettivo specifico del tuo progetto. Ad esempio, potresti dover utilizzare un framework di machine learning come TensorFlow o PyTorch, o potresti optare per una piattaforma di sviluppo di chatbot per creare un assistente virtuale.

5. Progetta e Sviluppa il Tuo Modello di IA

Una volta raccolti i dati e selezionati gli strumenti, puoi iniziare a progettare e sviluppare il tuo modello di IA. Questo potrebbe comportare la creazione di un algoritmo di machine learning, la configurazione di un sistema di raccomandazione o la programmazione di un assistente virtuale. Collabora con esperti se necessario e iterazioni sul modello fino a raggiungere risultati soddisfacenti.

6. Test e Valutazione Continua

Il testing è cruciale per assicurarti che il tuo modello di IA funzioni correttamente. Devi verificarne l'accuratezza e l'efficacia e apportare eventuali correzioni o miglioramenti. L'IA è in continua evoluzione, quindi la valutazione continua è essenziale per rimanere al passo con le sfide in corso e le opportunità emergenti.

7. Integrazione nell'Attività Aziendale

Una volta che hai un modello di IA funzionante, è il momento di integrarlo nella tua attività aziendale. Assicurati che il personale sia formato per utilizzare correttamente l'IA e che i processi siano adattati di conseguenza. L'obiettivo è massimizzare i benefici dell'IA in termini di efficienza e redditività.

8. Monitoraggio delle Prestazioni e Ottimizzazione

Il lavoro non finisce con l'implementazione. Devi continuare a monitorare le prestazioni del tuo sistema di IA e apportare ottimizzazioni quando necessario. L'IA può adattarsi e migliorare nel tempo, ma solo se lo supervisioni e ne curi l'evoluzione.

9. Resta Aggiornato sulle Ultime Tendenze

L'IA è un campo in rapida evoluzione. È importante rimanere aggiornati sulle ultime tendenze, scoperte e sviluppi. Partecipare a conferenze, seguire corsi di formazione e leggere la letteratura di settore sono modi eccellenti per rimanere informati.

10. Sii Flessibile e Creativo

Infine, sii flessibile e creativo nell'utilizzo dell'IA. Le opportunità possono emergere da aree inaspettate e le sfide possono richiedere soluzioni creative. L'IA è uno strumento potente, ma la tua visione e la tua inventiva sono ciò che renderà il tuo progetto un successo.

In conclusione, l'IA offre opportunità senza precedenti per guadagnare nel 2023, ma richiede pianificazione, apprendimento continuo e una visione chiara. Seguendo questi passi concreti, sarai ben posizionato per sfruttare appieno il potenziale dell'IA e ottenere successo nei tuoi sforzi finanziari. Buona fortuna!

CAPITOLO 16

Il Futuro con o senza l'Intelligenza Artificiale

Nel mondo in rapida evoluzione del 2023, l'intelligenza artificiale (IA) ha già avuto un impatto significativo su molte sfere della vita umana. Ma cosa ci riserva il futuro? In questo capitolo bonus, esploreremo due scenari contrastanti: uno in cui l'IA continua a diffondersi e ad avanzare, e uno in cui viene messa al bando. Entrambi i percorsi offrono prospettive uniche per il mondo futuro e sollevano domande fondamentali sul ruolo dell'IA nella nostra società.

Scenario 1: Il Trionfo dell'Intelligenza Artificiale

Nel primo scenario, l'IA continua la sua ascesa inarrestabile, diventando una parte sempre più integrata della nostra vita quotidiana. Ecco come potrebbe evolversi il mondo in un futuro in cui l'IA trionfa:

1. *Assistenza Medica Avanzata*: L'IA rivoluziona il settore sanitario, migliorando la diagnosi, la terapia e la gestione delle malattie. I robot chirurgici altamente avanzati lavorano a stretto contatto con i medici per eseguire procedure complesse con precisione millimetrica.

2. *Mobilità Autonoma*: Le strade sono dominate da veicoli autonomi che utilizzano l'IA per garantire un trasporto più sicuro ed efficiente. La necessità di parcheggi scompare, poiché i veicoli

condivisi sono continuamente in movimento, riducendo la congestione del traffico.

3. **_Lavoro e Istruzione_**: Mentre alcune professioni vengono automatizzate, emergono nuovi lavori legati all'IA, come gli "allenatori di intelligenza artificiale" e i "supervisori di robot". L'istruzione si evolve per preparare le persone a lavorare con l'IA e a comprendere i suoi principi di funzionamento.

4. **_Crescita Economica_**: L'IA alimenta una crescita economica sostenibile attraverso l'ottimizzazione delle risorse, la riduzione degli sprechi e l'innovazione continua. Le aziende che abbracciano l'IA prosperano, mentre quelle che la ignorano rischiano l'obsolescenza.

5. **_Privacy e Sicurezza:_** Emergono questioni complesse sulla privacy dei dati e la sicurezza cibernetica. La necessità di proteggere le informazioni personali diventa più critica che mai, poiché l'IA è in grado di analizzare enormi quantità di dati.

Scenario 2: La Messa al Bando dell'Intelligenza Artificiale

Nel secondo scenario, l'IA è messa al bando in risposta a preoccupazioni crescenti sulla sua influenza e sui rischi potenziali. Questo scenario alternativo offre una prospettiva diversa su come potrebbe evolversi il futuro:

1. **_Regresso Tecnologico_**: Le leggi restrittive pongono fine allo sviluppo e all'uso dell'IA in molte aree. Questo porta a un regresso tecnologico in settori come la medicina, la mobilità e l'automazione industriale.

2. **_Lavoro Umano_**: Con la messa al bando dell'IA, il lavoro umano riacquista importanza. Le persone tornano a essere al centro delle operazioni industriali e aziendali, ma ciò comporta un aumento dei costi e una minore efficienza.

3. **Privacy e Sicurezza**: Mentre l'IA è bandita, emergono preoccupazioni sulla privacy e la sicurezza. La mancanza di sistemi automatizzati per la protezione dei dati rende le informazioni personali vulnerabili a furti e abusi.

4. **_Ricerche Alternative_**: Senza l'IA, la ricerca scientifica e tecnologica si basa su approcci tradizionali. L'innovazione diventa più lenta e meno efficiente, ma si mette maggiormente l'accento sulla sicurezza e sulla gestione dei rischi.

5. **_Equilibrio Sociale_**: La società si trova a un punto di equilibrio in cui la tecnologia è meno avanzata ma il controllo umano è più centrale. Le decisioni sono basate sulla deliberazione umana e sulla considerazione etica, ma manca la potenziale efficienza dell'IA.

Entrambi questi scenari offrono visioni contrastanti di come potrebbe essere il nostro mondo futuro in relazione all'IA. La scelta tra abbracciare questa tecnologia o bandirla solleva questioni complesse e richiede un dibattito continuo sulla direzione che dovremmo prendere. Alla fine, il futuro dell'IA sarà determinato dalle decisioni che prendiamo oggi e dalle sfide che siamo disposti ad affrontare nel perseguire o limitare questa potente tecnologia.

RINGRAZIAMENTI

Carissimi lettori,

È con profonda gratitudine che desidero ringraziarvi per aver scelto di esplorare il mio libro, "Intelligenza Artificiale: Un Mondo di Opportunità".

La vostra curiosità e interesse per questo argomento così affascinante sono la spinta che mi ha portato a condividere le mie conoscenze e idee con voi.

L'intelligenza artificiale è una disciplina in costante evoluzione, capace di aprire le porte a un mondo di straordinarie possibilità. Speriamo che questo libro vi fornisca una solida base di conoscenza sui fondamenti, le strategie e le prospettive di questa tecnologia rivoluzionaria.

Vi incoraggio a esplorare, imparare e sognare mentre vi addentrate in questo affascinante mondo di intelligenza artificiale. Le vostre menti creative e la vostra passione sono fondamentali per dar vita alle opportunità che l'IA può offrire.

Grazie ancora per essere parte di questa straordinaria avventura intellettuale. Speriamo che questo libro vi ispiri e vi dia le risposte che cercate.

Con gratitudine,
Francesco Luca Giovanni